AF242361

MA CONQUÊTE

DE

MADAGASCAR

MA CONQUÊTE

DE

MADAGASCAR

Ma Conquête de Madagascar

Ah ! si j'étais Monsieur le Ministre des Affaires Étrangères

Depuis quelques semaines j'ai la tête cassée par les polémiques que provoque la future expédition de Madagascar. Sans doute Madagascar est l'île reine de l'océan Indien et je suis de ceux qui pensent qu'elle doit forcément appartenir à la France. Autant vaudrait renoncer à notre empire colonial qu'abandonner cette position stratégique si supérieure au fiévreux et ruineux Tonkin. Je suis donc d'accord avec le Ministre des Affaires Étrangères quand il veut faire respecter nos droits sur cette terre qu'aucune nation européenne n'ose ouvertement nous disputer et même, puisqu'il veut la guerre, je le féliciterais volontiers d'en avoir confié la direction au vaillant général Duchesne.

Mais cette guerre est-elle utile ? C'est sur ce point que je veux causer avec le public, n'en déplaise à M. le Ministre des Affaires Étrangères.

I

Si je jette mes yeux mélancoliques — l'état de nos affaires n'étant pas fait pour inspirer la gaieté — sur la carte actuelle de l'Europe, j'aperçois aussitôt, sans qu'il soit besoin de lunettes, embusqués à nos frontières les plus proches, le dogue

allemand qui nous menace de ses dents si terrible-
ment aiguisées et la vipère italienne qui ne se
contente point des opéras du maëstro Verdi et siffle,
à son heure, des airs de bataille.

Est-ce donc le moment d'embarquer pour Madagascar nos meilleurs officiers et nos meilleurs soldats,
d'user un important matériel de guerre, de dépenser
une première mise de fonds de soixante-cinq
millions ?

L'histoire demeurera-t-elle toujours pour nous
lettre-morte ? Aux jours tristes de 1870 n'a-t-on
point regretté les soldats tués au Mexique et les
millions gaspillés ? Pourquoi, quand l'ennemi nous
guette, recommencer les mêmes folies ?

Le plan de M. le Ministre des Affaires Étrangères
nous paraît d'ailleurs pécher par bien des endroits.
Pourquoi se faire illusion ? Nous serons vainqueurs,
c'est entendu, mais à quel prix et qu'obtiendrons-
nous ?

Il est incontestable que les Hovas pillards, mais
braves sont d'excellents guerriers ayant le mépris
souverain de la mort. Ils ne seront point sans tac-
tique, nos amis sincères les Anglais, nos ennemis
non moins sincères les Allemands se chargeant de
les conduire. Nous perdrons inévitablement dans
cette expédition plusieurs milliers de soldats déci-
més les uns par les maladies, les fatigues, les priva-
tions, les changements de climat, les autres par les
balles du Malgache poussé par sa bravoure, son
patriotisme, et embusqué derrière ses broussailles.

Après la période violente de conquête nous aurons
la période de pacification... à main armée. Que le

Tonkin et le Dahomey nous servent d'exemples. Il faudra, durant des années, expédier de nouveau et faire tuer les plus braves parmi nos soldats. Nous aurons semé l'inimitié, la haine, la vengeance. Nous ne pouvons récolter la paix. Et ce sera la campagne perpétuelle, l'orgie de notre sang, le gaspillage de notre or.

Quand viendra le jour, peut-être prochain, de la grande bataille qui transformera la carte européennne, nous pleurerons sans doute les soldats morts là-bas et qui auraient rendu la victoire plus rapide et plus décisive.

Le profit actuel serait d'ailleurs bien aléatoire. A peine quelques mille créoles de la Réunion, quelques centaines de Français de la mère-patrie, — la dépopulation nationale, résultat de l'immorale stérilité qu'enseignait à Cempuis un maître dans « l'art du bonheur » ne permettant pas l'exportation des fils de France — iront coloniser ces terres que le sang et l'or de la patrie auront en vain fertilisées.

En revanche des milliers d'Italiens, de Grecs, de Maltais, de Levantins viendront recueillir le fruit de notre labeur. Est-ce là le but à atteindre ? — Evidemment non.

Eh ! bien, alors, que ferais-je donc si j'étais le Ministre des Affaires Étrangères ?

II

Si j'étais M. le Ministre des Affaires Étrangères je commencerais par me souvenir. Le passé doit éclairer le présent de sa lumière et nos pères qui surent à grands coups d'épée parfois, mais parfois aussi par leur diplomatie se faire une place dans le monde ne furent point si sots qu'on puisse dédaigner leur histoire. Ce fut un roman de cape et d'épée et souvent aussi un roman d'amour. Or chez le Malgache comme en Europe c'est le cœur qui mène le monde. Chez les peuplades primitives, sauvages ou à demi-civilisées, il faut agir sur l'imagination, sur les sens et sur les âmes. Les commerçants ne l'ignorent point, eux qui séduisaient les sauvages avec des verroteries; les missionnaires qui s'en allaient attirant autour d'eux leurs premiers auditeurs avec un orgue de barbarie appliquaient le même principe; les Pères Jésuites qui, au siècle dernier, par leur bienveillant apostolat s'étaient emparés du cœur et de l'esprit de la célèbre tribu canadienne des Iroquois et qui avaient fait de ces terribles guerriers nos meilleurs défenseurs dans la lutte glorieuse de l'illustre Montcalm contre les vieilles troupes de l'Angleterre, ne procédaient pas autrement.

Dans un ordre plus élevé la diplomatique Autriche n'avait-elle pas résumé en un vers classique le secret de sa force :

Dum certant alii, tu, felix Austria, nube.

Pendant que les autres se battent, toi, heureuse Autriche, fais des mariages.

Eh! quoi, des mariages malgaches? Avouez d'abord qu'il vaudrait mieux que tout finît par un mariage que par des coups de canon. Pour ma part je préfèrerais voir nos marsouins former la haie pour regarder passer le cortège de la Reine convolant en

justes noces avec un représentant de la France que
de les voir exposés aux balles, Mais l'idée ne me
vient pas, pour le moment, de faire divorcer M. le
président du Conseil, du reste le modèle des époux,
pour le jeter aux pieds de Ranavolo ; je crain-
drais que le trouvant trop dodu, nos Malgaches
ne reviennent à l'anthropophagie. Il ne serait
d'ailleurs pas besoin de divorces, nous avons des
ministres garçons : par exemple le plus jeune
de nos hommes d'Etat, M. le Ministre de nos
Finances. Ce serait pour lui une merveilleuse
occasion de s'instruire puisque les voyages forment
la jeunesse, surtout les voyages en pays nouveaux.
Je ne suis pas de ceux qui dénigrent systématique-
ment les autorités constituées, aussi ayant en l'esprit
le beau vers de Jacques Ferny, disant si bien que

un ministre n'est pas forcément un salaud,

ne me permettrai-je pas de penser ou d'écrire que la
perspective d'un bain annuel pourrait faire reculer
nos Excellences. Pour aller jusqu'au bout de ma
pensée j'aime mieux dire tout uniment qu'il man-
querait quelque chose à la mère-patrie si nos ministres
s'en allaient. Gardons-les donc et cherchons ailleurs.

J'ai lu, dans un livre récent, que les missionnaires
de Madagascar ayant constaté la passion irrésistible
des Malgaches pour la musique, avaient organisé
un orphéon, et les membres de cet orphéon avaient
été les premiers baptisés. Seulement, ajoutent les
Pères, l'immoralité profonde de cette peuplade est
l'obstacle qui nous empêche de nous attacher de
façon solide les convertis. Eh ! bien, ce que les

Pères ne peuvent pas faire, la politique est-elle aussi impuissante à le réaliser ? Arriver à la morale par l'immoralité, à la conquête du sol par la conquête des cœurs, quel programme ! Est-il chimérique ? Nous allons voir.

M. le Ministre des Affaires Étrangères a d'abord procédé par ambassadeur. C'est une idée excellente que je lui emprunte. Mais ne faut-il pas, c'est le principe moderne, des envoyés « adéquats à la fonction » qu'ils veulent remplir. Allez, a dit M. le Ministre des Affaires Étrangères à M. Le Myre de Villers, et que la Reine calme sa révolte dans un sourire.

M. Le Myre est parti n'ayant pas mis, disent les journaux, plus de deux heures à faire ses malles. L'imprudent ! Pensait-il que la Reine se laisserait amadouer par un diplomate n'apportant dans ses poches qu'un *casus belli* et qu'un *ultimatum*.

Certes je ne fais point fi de sa valeur personnelle et M. Le Myre est un diplomate de carrière très fin, très brave, un peu mûr, qui a payé son expérience de quelques dents et quelques cheveux. La belle Ranavolo l'a pris pour l'incarnation du protocole, Rainilaiarivony lui a ri au nez et il a dû repartir bredouille quand d'autres peut-être auraient réussi.

Combien différent eût été mon ambassadeur ! J'aurais fait chercher jusqu'à sa découverte, et la recherche n'eût peut-être pas été longue, un jeune Français de 25 à 30 ans, grand, vigoureux, à l'esprit vif, au cœur chaud, à l'âme vaillante et pris de ce mal du siècle que les psychologues ont inventé: le besoin de sensations inconnues.

Je ne lui aurais pas dit : « Fais ta valise en deux heures ! » mais au contraire : « Prends ton temps ; je t'ouvre un crédit illimité, que tes malles soient pleines, n'oublie ni les parfums, ni les bijoux, ni les dentelles, prépare tes armes de séduction, c'est pour le triomphe de ton Moi que tu vas combattre et aussi pour ton Pays. »

J'aurais ajouté : « Surtout ne pars pas seul. Souviens-toi du plus grand de nos ministres gouverneur alors du Tonkin, qui sut utiliser pour sa diplomatie le talent du prestidigitateur toulousain Cazeneuve. Apprends si tu le peux à opérer toi-même, file la carte, fais la pièce de cent sous, escamote les mouchoirs, sois habile dans le coup de la carte forcée. Mais si tu ne peux trouver en tes doigts l'agilité nécessaire, emmène un collaborateur. Surtout garde-toi de t'entourer de secrétaires munis de diplômes, de petits jeunes gens, sérieux avant l'âge, dont les crânes en œuf d'autruche et la bouche sans sourire pourraient effrayer les peuples que tu vas conquérir. Choisis plutôt un cuisinier habile en l'art culinaire, mais jeune aussi et curieux des ragouts coloniaux. Qu'il ait comme toi son bagage : vieilles bouteilles et bons pâtés, qu'une odeur de truffe se dégage de toute sa personne et que l'envie de le croquer puisse venir aux dames de la Cour. S'il arrivait qu'au cours du voyage quelque conserve se détériorât, je te dirai plus tard ce qu'il en faut faire. Au cuisinier modèle ajoute un valet de chambre malin, Frontin redoutable, héros de Molière ou de Regnard. »

Est-ce tout ? Pour les dames, oui certes, mais

pour les ministres de la Cour! Ne leur doit-on pas, quand on cherche à les dépouiller, quelque petite compensation qui leur permette de prendre leur mal en patience et de ne pas pousser les choses au tragique. Et puis y a-t-il de la vraie diplomatie quand les femmes ne s'en mêlent point ? Que mon chef de cuisine se fasse donc accompagner par une jeune et spirituelle et coquette échappée de Saint-Denis. Pourquoi de Saint-Denis? Mon Dieu parce qu'à l'heure actuelle on n'a guère le choix. Ces charmantes enfants nous font toutes les mêmes confidences : « J'étais élevée à Saint-Denis... ou à l'école normale. Je suis fille d'un général... ou d'un préfet révoqué ». Or pour une expédition lointaine, il vaut mieux, n'est-ce pas, la fille d'un général. Mon Vatel aussi a besoin d'aides, de marmitons, de cuisiniers, en sous ordres, le Moulin-Rouge lui fournira son personnel féminin, un personnel de choix.

Voulez-vous que nous supposions mon ambassade partie de France, arrivée à Madagascar, reçue à la cour d'Emyrne. Que va-t-il se produire, comme disent les professeurs de physique ? J'imagine que votre vieille expérience a déjà répondu. En présentant ses lettres de créance, notre bel et spirituel ambassadeur produit sur la Reine une impression profonde ; en lui disant qu'elle est belle comme un ramoneur, brillante comme le cirage Nubian, que ses yeux ont la grâce des boules de loto, que dans sa connaissance peu approfondie de la langue française elle pourra confondre avec le lotus, il s'assurera sa bienveillance; en la couvrant de bijoux et de présents il lui donnera une haute idée de sa générosité et de sa fortune ; en multipliant les tours de passe-passe, lui arrachant du nez des louis d'or, trouvant des jeux de cartes dans l'œil du premier ministre il lui prouvera sa puissance ; en l'invitant à des dîners succulents il s'insinuera peu à peu dans son estomac ; or chez les races primitives l'estomac est le chemin du cœur.

Sans doute la besogne ne s'accomplira pas en un jour. Nous avons des ennemis puissants : les méthodistes anglais, les trafiquants de toutes nations qui essaieront de nous barrer la route. Mais ils seront sans méfiance et ne vous ai-je pas dit que les conserves avariées trouveront un emploi utile. Ce ne sera pas le poison odieux des Borgia, ce sera la dyssenterie chronique qui donne au corps amaigri une si poétique allure et fait exhaler la vie dans un souffle parfumé.

Resteront le premier ministre, époux de la Reine, et la Cour, obtacles en apparence infranchissables. Mais Frontin est ventriloque et depuis qu'il est à Tananarive il a su s'assimiler le malgache. Le voyez-vous, au milieu du conseil, injurier la Reine sans desserrer les dents et avec la voix de nos ennemis. Le ministre est le premier à demander justice : « Outrager la Reine, cela mérite la mort » et tour à tour les amis de l'influence anglaise disparaissent. Un suprême assaut doit être livré à la Reine par notre ambassadeur. Il ira avec un courage héroïque, mû par son patriotisme et le besoin d'une étude psychologique inédite qu'Ollendorff attend, demander à Ranavolo sa main et son cœur. Elle résiste mollement, mais sa pudeur invoque un dernier prétexte : la Reine doit demeurer fidèle à son époux. Un éclat de rire de notre ambassadeur répond à cette déclaration : Le premier ministre est infidèle et on en a les preuves. « Les preuves, je veux les voir » dit la Reine. Et notre ambassadeur étale alors sur la natte royale la correspondance amoureuse du premier ministre avec la délicieuse enfant qui s'envola de Saint-Denis. « C'est un véritable scandale dont la cour doit rougir » s'écrie la Reine en pleurs. « Non pas, réplique notre ami, c'est une idylle à laquelle ne manque que la consécration suprême. Mariez-les, Reine, et marions-nous. »

Et délicatement, dans les cheveux crépus de la Reine, exhalant une odeur suave, doux mélange de graisse de mouton et d'huile de ricin, l'ambassadeur déposerait un chaste baiser d'amour.

Cette conquête ne vaudrait-elle pas l'autre, elle qui épargnant la vie de milliers de Français ne coûterait même pas une goutte de sang malgache.

III

Quant à ses résultats ils seraient merveilleux. Comment le ministre n'y a-t-il pas pensé !

Nos grands politiques Richelieu, Mazarin, Colbert, eux, l'auraient très probablement pressenti, deviné. Et puis quel élément de moralisation !

Ces jolies pécheresses, échappées de Saint-Denis, ou d'ailleurs, composant ma mission féminine, ces élégantes habituées des luxueux champs de courses d'Auteuil, de Longchamps, de Chantilly ne sont pas des Françaises si perverties qu'on se l'imagine toujours. Elles ont eu l'infortune d'être nées pauvres, d'avoir reçu une haute éducation mal dirigée, d'avoir eu des amies riches ayant contracté de brillants mariages, dont leur pauvreté à elles ne leur permettait pas la réalisation ; de là leur grand dépit, leur manque de résignation à accepter des maris dans de modestes positions sociales. — Leur beauté si séduisante, leurs charmes si complets en avaient fait les plus attrayantes filles d'Eve. — La femme aime tant à être adorée !! — Des fils de riches banquiers usuriers juifs, des héritiers de gros Crésus de la Société cosmopolite qui hante Paris une grande partie de l'année, se sont jetés à leurs genoux.

Elles sont d'abord tombées dans les pièges de ces Apollon-Mercure, et de cascades en cascades elles ont ressemblé à ces arbres sur les sommets des hautes montagnes qui tombent dans un torrent déjà impétueux, et qui vont bondissant de chutes en chutes, suivant le cours de l'eau, s'engouffrer dans l'immensité de l'Océan.

Qu'on ne leur jette donc pas toujours des pierres à ces jolies pécheresses. — Elles valent parfois beaucoup mieux que des jeunes personnes de très riches familles de la bourgeoisie, ou même de la noblesse qui n'ignorent point qu'elles disposent de grosses dots et que leurs parents sont millionnaires. — Ces vraies filles d'Eve selon la nature, ont souvent même beaucoup plus de cœur que leurs rivales, d'assez jolies personnes, peu fortunées, qui savent adroitement, par leur hypocrisie, épouser des naïfs

épouseurs riches dont plus tard elles récompensent
le désintéressement chevaleresque par leurs infidé-
lités, leurs perfidies, leurs ingratitudes, rendant
ainsi leurs maris et leurs enfants victimes, martyrs
de leurs agissements.

Nos ambassadrices ne tarderaient certes pas à
s'emparer du cœur et de l'âme des hauts dignitaires
et des hauts fonctionnaires malgaches.

Elles deviendraient leurs épouses légitimes et la
force des choses humaines le voulant, d'anciennes
pécheresses, parisiennes, françaises elles feraient
d'excellentes épouses et de parfaites mères de
famille vouées aux enfants café au lait. Elles
désireraient immanquablement élever ceux-ci
dans leur foi religieuse. Ce que femme veut,
l'homme fait; et plus tard elles amèneraient très
probablement à leurs croyances religieuses, leurs
époux malgaches subjugués.

Notre catholicisme Français reprendrait alors sa
suprématie sur le protestantisme Anglican. Le Malgache ne tarderait pas à être édifié entre les Missionnaires Français et Anglais. Il remarquerait aisé-
ment que les uns ne sont que dévouement, les autres
que mercantilisme. Or jamais en Asie, en Océanie
et sur tous les points du globe la France n'aura de
meilleurs pionniers de sa politique et de son
influence que nos Missionnaires français ; les plus
grands partisans de son nom, de sa langue, de ses
mœurs, de ses usages, même de ses productions
seront toujours les néophytes chrétiens convertis
par nos prêtres.

La population de Madagascar, d'idolâtre et de

protestante redeviendrait, d'ici quelques années, catholique. Les exemples des autorités gouvernementales, en tous pays, ont toujours une grande influence sur le peuple.

Cette fertile et grande île de l'Océan Indien deviendrait donc par le cœur, par l'âme religieuse, la Sœur dévouée de la France et cette acquisition n'aurait coûté aucune effusion de sang.

L'auteur de la conception de cette conquête morale de Madagascar présente cette importante considération religieuse aux pudibonds effarouchés peut-être par le rôle un peu décolleté, qu'à la Cour de Tananarive auraient si habilement joué ces pécheresses envoyées et parties en hardies aventurières françaises.

Oui! si j'avais été Monsieur le Ministre des Affaires Étrangères, à la place du plan ministériel de conquête qu'il a fait adopter par les Pouvoirs publics, j'aurais essayé de réussir avec le modeste et simple projet que je propose.

IV

Mieux vaut tard que jamais cependant. M. le Ministre des Affaires Étrangères que l'influenza retient au lit peut profiter de ses heures de repos pour réfléchir. Qu'au lieu de s'emplir de cadavres ses rêves soient joyeux. Qu'il voie passer dans sa robe blanche la Reine à qui l'amour aura refait une virginité et si les soucis de la politique l'empêchent de se sacrifier pour la réalisation de cette grande œuvre nationale, qu'il me permette de lui souffler à l'oreille le nom du député-soldat, le professeur chevelu qui aimerait peut-être mieux offrir son bras à la Reine que d'aller *au clou* à Vincennes.

Parfois, il suffit d'une pierre se détachant de la base d'un édifice pour qu'il s'écroule. La conquête de Madagascar telle que veut la faire opérer M. le Ministre des Affaires Étrangères peut produire pour notre chère France des conséquences fatales qui devront se présenter d'elles-mêmes aux lecteurs de ces modestes pages.

C'est ce que désirerait faire éviter :

Un inconnu.

Perpignan, le 20 décembre 1894.

Perpignan, Typ. Charles Latrobe. 35105